FRANCISCO FERNÁNDEZ-CARVAJAL

A quem pedir conselho?
A prática da direção espiritual

3ª edição

Tradução
Emérico da Gama

@editoraquadrante
@editoraquadrante
@quadranteeditora
Quadrante

 QUADRANTE

São Paulo
2024

Título original
La dirección espiritual

Copyright © 2000 Ediciones Palabra, Madri

Capa
Provazi Design
Karine Santos

Dados Internacionais de Catalogação na Publicação (CIP)

Fernández-Carvajal, Francisco
 A quem pedir conselho? A prática da direção espiritual / Francisco Fernández-Carvajal — 3ª ed. — São Paulo: Quadrante, 2024.

 ISBN: 978-85-7465-440-9

 1. Direção espiritual 2. Vida espiritual I. Título

CDD-235.4

Índice para catálogo sistemático:
1. Direção espiritual : Aconselhamento pastoral :
Cristianismo 253.53

Todos os direitos reservados a
QUADRANTE EDITORA
Rua Bernardo da Veiga, 47 - Tel.: 3873-2270
CEP 01252-020 - São Paulo - SP
www.quadrante.com.br / atendimento@quadrante.com.br

SUMÁRIO

O QUE É A DIREÇÃO ESPIRITUAL? 5

CONDIÇÕES DE EFICÁCIA DA DIREÇÃO
    ESPIRITUAL.. 51

QUE DIZER?.. 79

PONTOS DE REFLEXÃO 121

O QUE É A DIREÇÃO ESPIRITUAL?

O violino

É conhecida a história daquele homem pobre que ganhava a vida com um velho violino. Ia pelas aldeias, começava a tocar e a gente reunia-se à sua volta. No fim, passava o chapéu, na esperança de recolher alguns trocados. Certo dia, começou a tocar como de costume, reuniu-se um pequeno grupo e ouviu-se o habitual: uns sons pouco harmoniosos. Não davam mais de si nem o violino nem o violinista.

Aconteceu que passou por ali um famoso compositor e virtuose do violino.

Aproximou-se do grupo e, terminado um número, pediu ao homem o instrumento. Com um olhar, avaliou-o, afinou-o e... tocou uma ária assombrosamente bela. O dono ficou perplexo e espantado. Ia de um lado para o outro, repetindo: "É o meu violino! É o meu violino!"

Nunca tinha imaginado que aquelas velhas cordas guardassem tantas possibilidades. Era um violino muito bom!

Não é necessário entregarmo-nos a grandes reflexões para reconhecer que não estamos fazendo render ao máximo as nossas possibilidades. Em muitas ocasiões e períodos da vida somos como um velho violino, talvez valioso, mas desafinado e até sem alguma corda. Se tentamos tocar algo sério, sai isso..., uns sons pouco harmoniosos. E, no fim, precisamos também passar o nosso pobre chapéu: pedimos aplausos, consideração, palavras ou gestos de agradecimento... Alimentamo-nos dessas coisas; e, se os espectadores não são generosos, sentimo-nos frustrados. Acaba por cumprir-se o refrão: "Quem se alimenta de migalhas anda sempre passando fome".

Que diferença quando permitimos que esse grande compositor, o Espírito Santo, nos conserte, nos afine, reponha a corda que falta, e deixamos que Ele toque! Convertemo-nos então em seus instrumentos: e nós mesmos ficamos boquiabertos à vista das possibilidades que havia encerradas no nosso coração. Verificamos então que a vida corrente, vivida sob a orientação de Deus, é importante e grandiosa. E compreendemos que só Ele pode enchê-la de uma harmonia plena, porque fomos feitos para o infinito e o eterno. "Somente em Deus o homem há de encontrar a verdade e a felicidade que não cessa de procurar" (Catecismo da Igreja Católica, n. 27).

Quem nos "afina"?

Só Deus tem o remédio. Somente Ele pode consertar e "afinar" a nossa vida, desprovida de harmonia e de sentido em tantas ocasiões, e tocar uma obra maravilhosa. Só Ele.

Cristo é o *Mestre* e indica-nos com verdade e autoridade o caminho que conduz à alegria, à eficácia e à salvação. "Ele a ensinava como quem tinha autoridade e não como os seus escribas", dizia dEle o povo (cf. Mt 7, 29). Só Ele sabe o caminho. Unicamente Ele pode mostrá-lo.

E é *Médico:* tem a ciência e os remédios necessários. Não há doenças incuráveis para Ele; não há problemas para os quais não tenha solução. Basta que

O procuremos com confiança: Ele cura os nossos egoísmos.

E se alguma vez nos sentimos especialmente doentes, não esqueçamos as palavras que pronunciou um dia: "Não são os que estão bem que precisam de médico, mas sim os doentes" (Mt 9, 12). Ele está então mais perto de nós do que nunca..., por muito grande que tenha sido a falta, por maiores que sejam as nossas misérias ou nos pareça que não têm remédio. Todos andamos um pouco adoentados e por isso todos temos necessidade de Cristo: "Vinde a mim" (Mt 11, 28), "não tenhais medo" (Mt 10, 31), diz-nos Ele constantemente.

Ele é o *Bom Pastor* que busca a ovelha desgarrada e a carrega aos ombros até o redil. Quando andamos perdidos Cristo sai em nossa busca e, se O deixamos agir, apesar de nos termos extraviado por nossa culpa, recebemos umas atenções insuspeitadas. Cada um de nós é *único* para Ele.

Certo dia, voltando de uma excursão pelos Pireneus, deparamos com um imenso rebanho de ovelhas que descia para o redil. Uma das ovelhas tinha uma pata quebrada e percebemos que, dentro em pouco, ia ficar para trás, longe do resto. Fomos avisar o pastor e este, sem se abalar, respondeu: "Essa é uma dos dez por cento que se perdem". E continuou o caminho como se não fosse com ele.

Fiquei um tanto aturdido (depois do empenho que tivemos em avisar o homem!). Pensei que esse não era como o bom pastor de que fala o Evangelho. O Senhor não dá ninguém por perdido, mesmo que esteja muito ferido, ainda que tenha ficado muito para trás: "Quem de vós que, tendo cem ovelhas e perdendo uma delas, não deixa as noventa e nove no deserto e vai em busca da que se perdeu, até encontrá-la? E, depois de encontrá-la, a põe nos ombros, cheio de júbilo, e, voltando para casa, reúne os amigos e vizinhos, dizendo-lhes: Regozijai-vos comigo, achei a minha ovelha que se havia perdido" (Lc 15, 4-6).

Por meio de duas imagens belíssimas, o profeta Isaías descreve a mansidão, doçura e misericórdia do Messias para com os homens: "Não quebrará o caniço rachado — diz o profeta —, não extinguirá a mecha que ainda fumega" (Is 42, 3). O caniço rachado e a mecha que ainda fumega representam o homem alquebrado por toda a espécie de misérias, doenças e penas que se acumulam sobre ele. O Senhor não acabará de quebrar o caniço já rachado; pelo contrário, inclinar-se-á sobre ele, endireitá-lo-á com sumo cuidado e transmitirá a coragem e a vida que lhe faltam. "Esse tem mãos de ouro", dizemos da pessoa que tem jeito para recompor objetos delicados que caíram ao chão e se partiram, ou de um bom cirurgião. O Senhor tem mãos de ouro para curar e para recompor!

Na vida corrente, dizemos às vezes de um doente que o seu mal "não tem cura". Na vida espiritual isso não acontece: Cristo nunca dá por perdidos os que tropeçaram ou andam desorientados ou feridos. A ninguém considera irrecuperável.

Canal da graça

O Senhor cura-nos e dirige-nos agindo umas vezes diretamente na alma e, outras, por meio de pessoas escolhidas por Ele, que serão como que canais de sua graça. Assim o disse expressamente: "Quem vos ouve a mim ouve" (Lc 10, 16);

"Eis que estou convosco todos os dias, até o fim do mundo" (Mt 28, 20).

Deus pode agir em nossa alma por meio dos pais, de um amigo, de um conhecido. O *diretor espiritual* é, no entanto, essa pessoa querida por Ele que conhece bem o caminho, a quem abrimos a nossa alma, e que desempenha a função de mestre, de médico, de amigo que nos acompanha pela vida, de bom pastor nas coisas que se referem a Deus. Indica-nos os possíveis obstáculos, sugere-nos modos de lutarmos contra os nossos defeitos, anima-nos em todas as circunstâncias. Ajuda-nos a descobrir novos horizontes e desperta na alma a fome e sede de Deus. De uma maneira simples e discreta, Deus está presente nele.

A Igreja recomendou esta prática desde os primeiros séculos como meio eficaz de progredir na vida cristã.

É preciso ter um caminho

A luta contra a mediocridade espiritual, contra os defeitos já estratificados, e — mais do que essa luta *contra* — o esforço por satisfazer a fome e sede de Deus que todos trazemos dentro de nós, tudo isso se forja dia a dia, semana a semana, persistindo com valentia nos mesmos propósitos. E para progredir nesse sentido é necessário ter umas metas concretas, uns objetivos claros, e saber quais os meios adequados para alcançá-los: saber para onde nos dirigimos e por onde. O viajante — e cada cristão é um *homo viator*, um caminhante — precisa conhecer o termo da sua viagem e o caminho que há de seguir.

Mas acontece com muita frequência que a rota se perde porque, "na vida, não basta ter direções inconcretas, de algum modo excessivamente genéricas, antes é indispensável um caminho. Vivemos muitas vezes sem caminho. Essa é a origem de muitos dos nossos desassossegos e das nossas angústias.

"Os jovens, por exemplo, andam deslumbrados ante um futuro muito variado em que existem inúmeras possibilidades. Isso faz com que se sintam indecisos e não acabem de concretizar o rumo. Por isso o jovem pode vir a parar com frequência numa inquietação inútil. Está sem caminho. E na idade madura acontece também às vezes que vivemos submetidos às experiências do passado, aos sonhos não realizados, e tudo isto produz na alma uma melancolia estéril: encontramo-nos sem caminho, estancados espiritualmente numa situação que é sempre a mesma, sem paisagens interiores novas.

"Muitas vezes, também, temos de reconhecer que estamos vivendo numa paisagem de precipício: sempre os mesmos defeitos. Podemos viver amarrados ao orgulho, à irritabilidade, ao mau gênio, à suscetibilidade, algemados à preguiça, ao comodismo, à sensualidade, escravizados pela cobiça, pela ânsia de dominar, pela inveja..."[1]

Via de regra, ninguém pode guiar-se a si próprio no caminho de "livrar-se de si mesmo"[2] e avançar com passo firme para Deus. Já dizia o velho ditado: "Quem se faz mestre de si mesmo arranja um mau discípulo", mesmo que seja bom mestre dos outros. Conhecemo-nos muito mal, mesmo fisicamente. Façamos a experiência. Ouçamos a nossa voz em uma gravação: é muito provável que não a

---

1 A. García Dorronsoro, *Tempo para crer*, 4a. ed., Madri, Rialp, 1993, p. 107.

2 Cf. Josemaria Escrivá, *Forja*. São Paulo, Quadrante, 1987, n. 120.

reconheçamos ou a reconhecermos com dificuldade, ao passo que os outros nos identificam imediatamente. Ou vejamos como um caricaturista nos retrata: há de parecer-nos que exagerou, que destacou o menos característico da nossa fisionomia, enquanto os outros se riem com gosto pela perspicácia "maldosa" com que nos captou perfeitamente. É a excessiva proximidade entre o sujeito e o objeto que causa essa falta de realismo em relação a nós mesmos.

A falta de objetividade, a indulgência com que nos julgamos, a preguiça de esforçar-nos por mudar vão distorcendo o conhecimento próprio e esfumando o itinerário a percorrer, talvez a princípio tão claro! E quando não há clareza vem o estancamento humano e espiritual, o desânimo, a passividade e, por fim, a desistência. É muita a ajuda que nos podem prestar! Tal como "uma nave que tem bom timoneiro chega sem perigo ao porto, com a ajuda de Deus, assim também a alma que tem um bom pastor alcança-o facilmente, ainda que antes tenha cometido muitos erros".[3]

A pessoa adequada

"Busca sempre conselho junto ao sábio", diz a Sagrada Escritura (Tb 4, 19). E São Basílio, Padre da Igreja do século IV, recomenda: "Ponde sempre a maior diligência e a maior atenção em encontrar uma pessoa que vos possa servir de guia seguro na tarefa que quiserdes empreender para alcançar uma vida santa; escolhei alguém que saiba indicar às almas de boa vontade o caminho que conduz a Deus". É uma graça especial

---

3 São João Clímaco, *Escada do Paraíso*, PG 88, 579-1254.

podermos contar com um guia seguro, que nos ajude eficazmente numa questão de tanta importância e com quem nos possamos abrir sem reservas, em *confidência*. E como a confidência requer compreensão por parte de quem a escuta, "não se faz a qualquer pessoa, mas a quem nos merece confiança pelo que é ou pelo que Deus a faz ser para nós. A confidência exige uma certa intimidade, e, se essa intimidade não existe, cria-a; requer que a pessoa a quem nos confiamos seja capaz de compenetrar-se conosco, isto é, de chegar à raiz daquilo que lhe comunicamos; senão não pode compreender".[4] Compreender é chegar ao fundo.

É importante, pois, escolher a pessoa adequada. E essa escolha deve ser feita com sentido sobrenatural. Tobias será

---

4 Federico Suárez, *A Virgem Nossa Senhora*, 4a. ed. Lisboa, Prumo-Rei dos Livros, 1983, p. 88.

orientado pelo arcanjo Rafael em sua longa viagem (cf. Tb 12, 14-15). Nossa Senhora escolherá a sua prima Santa Isabel para desvelar o mistério que acaba de produzir-se nela pela Encarnação do Verbo; não se deixou guiar pela simpatia ou por um critério humano — talvez nesse caso tivesse escolhido São José —, mas escolheu Isabel por ser a pessoa mencionada pelo Anjo na sua mensagem (cf. Lc 1, 36-37, 39-45). A São Paulo, acabado de se converter na rota de Damasco, será Ananias, por encargo de Deus, quem lhe devolverá a vista e o fortalecerá (cf. At 9, 10-19).

Para pedir conselho sobre uma questão ou uma preocupação de natureza meramente humana talvez baste escolher quem seja capaz de compreender o nosso problema ou a nossa situação e seja discreto e prudente; "mas, para tudo o que se refere de algum modo à alma e a uma ordem superior, requer-se especial finura de espírito para saber com quem Deus quer que nos abramos. Porque, se tomarmos em consideração apenas fatores humanos, corremos o risco de que não nos entendam nem compreendam; e então a alegria de termos aberto a alma torna-se amargura; e a amargura desemboca em incompreensão que não alivia; e em qualquer caso se experimenta o desassossego, o íntimo mal-estar de quem falou demasiado, com quem não devia, daquilo que não devia".[5] Logo se percebe que teria sido melhor ficar de boca fechada.

Quando estamos doentes, procuramos quem sabe e pode curar-nos: o médico; e não qualquer médico, mas aquele que pensamos que entende da nossa doença. Se temos um problema legal, procuramos um advogado; e para pôr meia-sola nos sapatos, o sapateiro. E se

---

5 *Ibidem*, p. 89-90.

pretendemos ir de carro a Porto Alegre, consultamos um mapa do Brasil, e não do Paraguai. E tudo isso mesmo que tenhamos algumas noções de medicina, de direito, ou saibamos mais ou menos como se vai a Porto Alegre. Quando se trata de ir a Deus, também devemos agir com senso comum: deixar-nos orientar por quem conhece o caminho que conduz a Ele. E o faremos com tanto mais cuidado quanto maior for o nosso desejo de chegar.

A essa pessoa chamamos tradicionalmente "diretor espiritual", ou, ainda, "diretor de consciência", "conselheiro espiritual", "diretor de almas" etc.

O que não é um diretor espiritual

Comecemos por esclarecer o que *não é* um diretor espiritual, para depois ver por que o procuramos, para quê o procuramos e como proceder ante os conselhos que ouvimos.

O diretor espiritual não é um professor de religião, a quem buscamos principalmente para tirar dúvidas sobre problemas teológicos, dogma, interpretação dos textos sagrados, liturgia, episódios discutidos da história da Igreja etc.

Não é um crítico literário. Pode haver quem queira comentar com ele todos os romances que lhe caem nas mãos e se admire de que não os conheça.

Não é um especialista em mercado de trabalho, que deva ouvir as nossas lamentações sobre as crises de desemprego e aconselhar-nos sobre como prosperar.

Não é um psicólogo ou um doutor em ciências da educação, de quem possamos esperar soluções mágicas para resolver os problemas dos filhos ou filhas adolescentes.

Não é um árbitro das desavenças entre marido e mulher. Ou entre parentes, sobretudo se envolvem questões econômicas: lembremo-nos de que Cristo se recusou a intervir num problema de partilha de bens (cf. Lc 12, 13-15).

É menos ainda um guru político, com quem possamos conferir as nossas posições ou as nossas preferências nas vésperas de umas eleições ou fora delas. Ou um perito em justiça social.

Não é um elemento das nossas relações sociais, a quem seja de bom tom convidar para jantar em casa, oferecer um presente pelo Natal, insistir em que participe dos nossos eventos familiares.

E muitas coisas mais, que obviamente se excluem se tivermos presente o que na verdade devemos procurar nesse conselheiro da vida interior.

O que é o diretor espiritual?

É um *educador da alma,* uma figura que já os antigos conheciam.

Gregos, chineses, hindus: todos sabiam que "quem deseja ser sábio entra na escola do sábio". Tinham a ideia clara de que a perfeição moral deve ser procurada por meio de um trabalho sistemático, que se realiza mais facilmente com a assistência de um "mestre".

Nós, que pelo Batismo recebemos a vocação cristã, ambicionamos muito mais: ambicionamos a perfeição espiritual, e isso pressupõe que conheçamos bem a Deus, que nos façamos seus filhos pela imitação de Cristo, que saibamos como progredir nesse caminho, lutando contra os defeitos e procurando crescer em virtudes, tanto humanas como sobrenaturais, de modo que a nossa vida aqui na terra seja um começo da vida eterna para a qual fomos criados. Tudo isso exige que escolhamos alguém que "entenda do assunto" e que, na Igreja, é para o comum dos cristãos o sacerdote.

Esse sacerdote deve ser acima de tudo uma pessoa de oração. Para que possa levar as almas a Deus, não basta que tenha um conhecimento vago ou livresco do caminho. É necessário que ele também o percorra e conheça as suas dificuldades. Quer dizer, além da ciência devida, deve lutar por manter um trato íntimo com Deus, estar muito unido ao Mestre que possui e comunica essa sabedoria divina. Junto dEle, aprenderá a transmitir — com "dom de línguas"[6] — o tesouro de verdades que constituem o alimento das almas. "Há coisa mais triste — comenta São João Crisóstomo —

---

6 Cf. *Forja*, n. 634.

do que um mestre, quando o único modo de salvar os seus discípulos é dizer-lhes que não olhem para a vida daquele que lhes fala?"[7]

Os fariseus não souberam guiar o povo eleito porque, por culpa própria, ficaram sem luz. E então lançaram sobre os filhos de Deus um jugo pesado e asfixiante, quando o jugo divino é suave e libertador. Diziam e não faziam, trabalhavam em proveito próprio. E por isso perderam a condição de guias, de bons pastores. Em palavras duríssimas, assim os retrata o profeta Ezequiel:

> Ai dos pastores de Israel que só cuidam do seu próprio pasto. Não é seu rebanho que devem pastorear os pastores? Vós bebeis o leite,

---

[7] São João Crisóstomo, *Homilias sobre São Mateus,* 72, I.

vestis-vos de lã, matais as reses mais gordas e sacrificais, tudo isso sem nutrir o rebanho. Vós não fortaleceis as ovelhas fracas; a doente, não a tratais; a ferida, não a curais; a transviada, não a reconduzis; a perdida, não a procurais; a todas tratais com violência e dureza. [...]

Por isso, escutai, pastores, o que diz o Senhor: [...] Vou castigar esses pastores, vou reclamar deles as minhas ovelhas, vou tirar deles a guarda do rebanho, de modo que não mais possam fartar-se a si mesmos. (Ez 34, 2-4; 9-10)

Temos de pedir a Deus, como uma graça de singular importância, que nos ajude a encontrar um diretor espiritual que não se pregue a si mesmo, que não tenha ideias próprias sobre a moral definida pela Igreja, mas nos mostre, com o seu exemplo de vida e os seus conselhos, o caminho que *Cristo* nos ensinou para alcançarmos o Céu e o modo como *nós*, em particular, devemos percorrê-lo. E, se já o encontramos, demos graças, porque recebemos um grande bem.

Voar alto

Um bom sinal de termos acertado com a pessoa adequada é ver que "nos puxa para cima", que nos aproxima de Deus.

Contam que um granjeiro subiu a uma montanha e desceu com um ovo de águia que tirou de um ninho. Colocou-o entre os ovos que as galinhas incubavam, e, quando nasceram os franguinhos, apareceu entre eles um filhote de águia. Este aprendeu os costumes dos frangos. Andava pelo terreiro comendo vermes e, vez por outra, lançava-se do alto da cerca gritando desaforadamente, exatamente como as galinhas. Certo dia, viu no chão a silhueta de uma ave que voava muito alto. "Quem é?", perguntou. E a galinha que tinha ao lado respondeu-lhe: "É uma águia, que voa assim quase sem fazer esforço. Mas não a olhes mais, porque a nossa vida não é como a dela, e sim aqui na capoeira". A história termina dizendo que aquela pequena águia nunca soube a sua condição e viveu até a morte como uma galinha. Acode-me à memória o conselho de *Caminho:* "Dilata o teu coração [...]. Não voes como ave de capoeira, quando podes subir como as águias".[8]

Tomo de empréstimo este exemplo de C.S. Lewis. Pode nos ajudar a

---

8 Josemaria Escrivá, *Caminho*. São Paulo, Quadrante, 2022, n. 7.

compreender que os planos de Deus estão muito acima dos nossos:

Faça de conta que você é como uma casa viva. Deus entra nessa casa para reformá-la. A princípio, é possível que você compreenda o que Ele está fazendo. Conserta as goteiras do teto, substitui um cano furado, fecha uma rachadura etc., o mais urgente: você mesmo sabia que esses consertos eram necessários e não se surpreende. Mas, passado um tempo, Ele começa a derribar paredes de um modo que dói terrivelmente e que, além disso, parece não fazer o menor sentido. Que pretenderá? A explicação está em que Deus se propôs refazer a casa segundo um plano muito superior ao daquele que você pensava: abrindo uma ala nova aqui, alargando imensamente a sala de estar, construindo um pavilhão anexo... Você pensava que Ele ia deixar a casa arrumadinha, sem grandes pretensões, mas Ele está transformando-a num palácio! E pensou vir morar nele![9]

O Senhor leva a sério o ideal de santidade a que nos chamou. Tudo em nossa vida estará orientado para esse grande projeto: êxitos, fracassos, alegrias e penas, problemas de trabalho ou de saúde... Por isso, para realmente ajudar os outros, o conselheiro espiritual — e cada um de nós mesmos — deve ter muito em conta que Deus não quer que ninguém fique na mediocridade; pelo contrário, espera de todos algo muito grande: "Repara bem: há muitos homens e mulheres

---

9 Cf. C.S. Lewis, *Mero cristianismo*. São Paulo, Quadrante, 1997, p. 201.

no mundo, e nem a um só deles deixa o Mestre de chamar. — Chama-os a uma vida cristã, a uma vida de santidade, a uma vida de eleição, a uma vida eterna".[10] Fez-nos de tal forma que, sempre e em qualquer lugar, o desejo íntimo do nosso espírito e do nosso coração tende para o infinito e não encontra o seu sossego senão em Deus. Ele quer fazer para si um palácio em nosso coração. Não uma casinha!

Não marionetes

Os dois suportes da direção espiritual são a liberdade e a responsabilidade de quem busca essa ajuda.

A direção espiritual é incompatível com a ideia de nos convertermos em

---

10 *Forja*, n. 13.

marionetes que se movem pelo puxão de uns fios. O seu exercício "não deve orientar-se no sentido de fabricar criaturas carentes de juízo próprio, que se limitem a executar materialmente o que outrem lhes disse; pelo contrário, a direção espiritual deve tender a formar pessoas de critério. E o critério implica maturidade, firmeza de convicções, conhecimento suficiente da doutrina, delicadeza de espírito, educação da vontade".[11]

As indicações do diretor espiritual geralmente não são ordens, mas *conselhos*, sinalizações que não só não tiram a liberdade, mas *potencializam* o espírito de responsabilidade e de iniciativa da pessoa. A vida espiritual está cheia de imprevistos — tantos como os da vida corrente, porque é sobre ela que tem de

---

11 Josemaria Escrivá, *Questões atuais do cristianismo*, 3a. ed. São Paulo, Quadrante, 1986, n. 93.

projetar-se, vivificando-a —, e cada um deve enfrentar esses imprevistos com o critério bem formado, sem "paralisar-se" nem necessitar de uma resposta externa para cada situação.

A tarefa da direção espiritual tem em vista fazer de nós — jovens ou adultos — pessoas com a sabedoria, a segurança e a desenvoltura de quem educa a inteligência e a vontade para captar e cumprir em tudo o desígnio de Deus. É esta atitude responsável que forja as virtudes necessárias para o perfeito exercício da liberdade. Não se pode esquecer que, como diz o *Catecismo da Igreja Católica,* "a liberdade é no homem uma força de crescimento e de amadurecimento na verdade e na bondade. A liberdade alcança a sua perfeição quando está ordenada para Deus, nossa bem-aventurança" (n. 1731). *A liberdade precisa de ser libertada,* libertada da ganga das paixões, do egoísmo, para assim orientar o homem, já livre de grilhões, para o seu destino eterno: é esse, e nenhum outro, o fim da direção espiritual.

Por isso, ninguém se sente "coagido" pelos conselhos que recebe, antes pelo contrário, acolhe-os com a alegria e o agradecimento de um viajante que pede informações sobre a estrada que deve seguir, que está atento aos sinais sobre as curvas fechadas, as ultrapassagens perigosas, os trechos em que é fácil derrapar etc. Na direção espiritual, é a própria pessoa que se sente empenhada em pedir ajuda, em contrastar iniciativas, em receber sugestões. E assim, livremente, faz *próprias* essas recomendações e luta por levá-las à prática com íntima convicção e firme propósito.

Os pilotos — por serem bons pilotos e terem bom senso — têm em alta conta as informações que recebem da torre de controle de qualquer aeroporto, sejam quais forem as suas horas de voo, o conhecimento da rota, a sua perícia e experiência. Nenhum deles se sente lesado em sua liberdade por isso, pois, afinal de contas, a decisão de observar as indicações da torre depende inteiramente dele no momento de decolar ou de aterrissar.

É uma imagem do que se passa na direção espiritual. Ninguém pode substituir ninguém no caminho para Deus: é a própria pessoa que tem de caminhar, que tem de levantar-se se cai, que tem de correr se se atrasa. "Pôr-se e manter-se de pé é algo que exige esforço da criança que está aprendendo a andar, mas ela nunca o conseguirá se não se vir obrigada a valer-se por si própria. Um confessor, ou — o que no nosso caso é o mesmo — um diretor espiritual, é um guia, não uma cadeira de rodas para inválidos ou uma muleta para

37

abúlicos".[12] Por isso se comparou a direção espiritual ao modo como atuou São João Batista: o Precursor indicou aos seus discípulos Aquele a quem deviam seguir, mas foram eles que, em última análise, resolveram fazê-lo (cf. Jo 1, 35-39).

Para não morrermos idiotas

A direção espiritual torna-se necessária por muitos e diversos motivos. Em primeiro lugar, para que não tenhamos que dizer no fim da vida — e até antes — o que disseram os judeus depois de vagarem pelo deserto sem rumo nem sentido: "andamos muito tempo em torno do monte Seir" (Dt 2, 1). Fomos vivendo sem saber aonde íamos, sem que o estudo ou o trabalho nos aproximassem

---

12 Federico Suárez, *O sacerdote: vida e missão*. Lisboa, Prumo-Rei dos Livros, 1997, p. 99.

de Deus, sem que as amizades, o lazer, a família nos ajudassem a dar um passo adiante no que verdadeiramente importa: a felicidade que não passa, a salvação. E também para que não tenhamos de reconhecer que vivemos entretidos com meia dúzia de quinquilharias, por nos ter faltado uma meta clara que unificasse e desse continuidade aos nossos esforços e sacrifícios, um norte claro e apaixonante para o qual nos dirigirmos.

Tempos atrás, foi libertado um jornalista sequestrado no Líbano. Tinha passado mais de dois anos confinado num recinto minúsculo em que sequer podia ficar de pé. Todos receavam que estivesse física e psiquicamente desfeito. Apareceu com lesões corporais muito graves, mas mentalmente são. E, ante a surpresa de todos (era tido por homem afastado da fé), declarou estar muito agradecido a Deus porque chegara à conclusão de que, graças a esses anos, *já não morreria como um idiota*, preocupado com coisas que, no fundo, não tinham importância alguma.

É o que nos poderia acontecer a nós se, em vez de irmos direto para aquilo que é a razão pela qual existimos — a amizade e a posse definitiva de Deus, procurada já aqui na terra —, deixássemos passar os dias preocupados com tolices ou com problemas que só se resolverão se não perdermos de vista esse fim último. Seria como um estudante que se preparasse para um exame dedicando-se a questões que já muitos sabiam que não estavam incluídas na prova final, enquanto punha de lado as perguntas-chave.

Uma palavra de alento

A direção espiritual pode ser-nos também necessária nessas ocasiões em que carecemos de uma palavra de alento que nos tire do desânimo, do desconcerto, coisa que pode acontecer a qualquer pessoa, em qualquer idade. Precisamos então de uma voz amiga que nos diga: "Para a frente! Você pode! Não deve parar, pois tem a graça de Deus para vencer qualquer dificuldade! Quanto maiores as dificuldades, maior a ajuda de Deus". Precisamos de quem nos ajude a recuperar a esperança.

Diz o Espírito Santo: "Se um vem a cair, o outro o levanta. Mas ai do homem só: se ele cair, não há ninguém para levantá-lo" (Ecl 4, 10). Para quem está só, a própria vida se torna um caminho demasiado íngreme.

Em resposta a uma carta, uma personalidade norte-americana escreveu as linhas a seguir:

"Nunca poderei esquecer três palavras de meu pai que mudaram a minha vida.

Disse-as num bonde. Três palavras para ajudar e animar um rapaz".

O pai era serralheiro e trabalhava numa oficina de recuperação de bondes em Boston. O rapaz tinha então dezessete anos, e o resultado dos exames trimestrais fora catastrófico.

"Desiludido com o resultado dos meus exames, o padre-reitor quis falar com o meu pai e combinaram conversar já caída a tarde, pois meu pai trabalhava dez horas diárias. Lembro-me muito bem daquela noite fatídica. Passados cinquenta e três anos, posso recordar perfeitamente o que aconteceu.

"Eu temia o pior e assim foi. O reitor disse a meu pai: «Depois de tudo, Deus chama os seus filhos por caminhos muito diferentes; poucos são os chamados à vida intelectual, e menos ainda os que alcançam o estado sacerdotal», porque, não o disse ainda, eu queria ser sacerdote.

"Meu pai tratou de defender-me pelo fracasso dos exames, mas o reitor cortou-lhe a palavra: 'O senhor não deve afligir-se. São José era carpinteiro. Deus encontrará trabalho para este seu filho'. Despedimo-nos. Não havia nada que fazer. Era evidente que me expulsavam do colégio.

"Lembro-me como se fosse ontem daquela noite fria, escura, úmida. Voltamos para casa em silêncio, cada um dando voltas aos seus próprios pensamentos. Os meus eram tristes. Por fim, mostrando indiferença, como costumam fazer os rapazes, disse a meu pai: «Que fiquem com o diploma. Conseguirei um emprego e o ajudarei no seu trabalho, pai».

"Meu pai pôs a mão sobre o meu ombro e disse-me estas poucas palavras, que hoje repito para o caso de poderem animar alguém: *'Não desista, filho'*".

A seguir, vinha a assinatura daquele que na ocasião tinha setenta anos e que aos dezessete fora expulso do colégio por não ter condições para estudar para sacerdote. A assinatura dizia assim: "Richard, Cardeal Cushing, Arcebispo de Boston".[13] Todos precisamos alguma vez de uma palavra amiga de alento e de ânimo para prosseguirmos o nosso caminho. *Não desista...*, continue em frente, tudo se resolve. Como é triste que uma pessoa se sinta só numa situação difícil! Que felicidade, pelo contrário, termos um confidente a quem dar notícia das nossas alegrias e penas, na certeza de sermos escutados com afeto e compreendidos! Com umas poucas palavras, conseguimos ganhar forças quando nos parecia que já não nos restava nenhuma, e continuamos em frente.

---

13 Contado por Jesús Urteaga, *Siempre alegres*. Madri, Rialp, 2000, pp. 168-169.

Amigos fortes

Precisamos, pois, da direção espiritual porque não raras vezes nos encontraremos com o caminho barrado ou perdidos na noite. E teremos de perguntar a alguém que saiba "por onde se vai para Deus". Diz Santo Agostinho que "assim como um cego não pode seguir o caminho a direito sem um guia, também ninguém pode caminhar [rumo a Deus] sem guia".[14]

Outros motivos, não pequenos, são fáceis de compreender.

Começa porque o olho direito, que pode ver objetos a longa distância, é incapaz de ver o olho esquerdo. Isto quer dizer que é difícil conhecermo-nos bem a nós mesmos, e, se não nos conhecemos, não sabemos onde e como lutar para não

---

14 Santo Agostinho, *Sermão* 112.

nos extraviarmos e podermos chegar ao fim do caminho.

Depois, o orgulho, o amor-próprio, a preguiça, a sensualidade e as demais paixões tendem a deformar as coisas, e nós temos necessidade de conhecer a verdade com clareza. Acontece-nos o mesmo que a uma pessoa que estivesse há muito tempo num quarto sem ventilação: não perceberá que o ar está viciado, ao passo que quem vem de fora o percebe facilmente.

Além disso, "o espírito próprio é mau conselheiro, mau piloto, para dirigir a alma nas borrascas e tempestades, por entre os escolhos da vida interior. — Por isso, é Vontade de Deus que a direção da nau esteja entregue a um Mestre, para que, com a sua luz e conhecimento, nos conduza a porto seguro".[15] Em maior ou

---

15 Cf. *Caminho*, n. 59.

menor grau, todos tendemos a dirigir o nosso barco para os arrecifes.

Enfim, todos estamos sujeitos a sofrer feridas, e precisamos de alguém competente que as cure. Com frequência, precisaremos que o médico acompanhe de perto o processo de cicatrização, e para isso não basta recorrer a alguém que nos faça um curativo de urgência.

Os próprios santos sentiram necessidade de um guia que os aconselhasse em sua vida interior e não quiseram prescindir deste canal de graças e luzes. Não se sentiram seguros seguindo o seu próprio critério e pediram ajuda, pois, como diz São João da Cruz, "aquele que quer permanecer só, sem apoio e sem guia, será como a árvore que está só e sem dono no campo, e que, por mais frutos que tenha, os que passarem por ali os apanharão e não chegarão a amadurecer". Pelo contrário, "a árvore cultivada e protegida pelos cuidados do seu dono dá frutos no tempo que dela se esperam". E conclui o santo: "A alma que está só e sem mestre é como o carvão aceso que está só; antes vai-se apagando que avivando".[16]

Não devemos cair na ingenuidade de pensar que podemos prescindir de ajuda e conselho. Facilmente ficaríamos à mercê das circunstâncias, das intuições, das impressões pessoais ou opiniões de jornal... Não podemos esperar iluminações especiais se não nos servimos dos meios que Deus põe ao nosso alcance. Não podemos ficar encerrados em nós mesmos, sem companhia espiritual, porque "como é tanta a penúria dos tempos que hoje passamos, Deus quer que haja amigos fortes para sustentar

---

16 São João da Cruz, *Ditos de luz e de amor*.

os fracos".[17] E todos somos conscientes da nossa fraqueza e penúria.

---

17 Santa Teresa de Jesus, *Vida,* 15, 5.

CONDIÇÕES DE EFICÁCIA DA DIREÇÃO ESPIRITUAL

Sinceridade

No enorme tanque de uma casa de campo, de águas nada transparentes, havia um morto... Essa era a realidade que ninguém queria reconhecer. Certa manhã, porém, começaram a aparecer umas manchas na superfície, manchas inquietantes cuja verdadeira origem todos sabiam, mas de que ninguém queria tomar conhecimento. Chamaram um químico para que as eliminasse. O homem jogou os detergentes adequados e as manchas desapareceram. Mas por pouco tempo, pois uns dias depois voltaram a aparecer. Nova intervenção do químico, novos detergentes, e a cena tornou a repetir-se: as manchas desfizeram-se, mas apenas por mais alguns dias. Até que o químico, um pouco grosseiro, disse aos donos da casa: "— Senhores, só há um remédio verdadeiramente eficaz: é armar-se de coragem, mergulhar e tirar o morto do fundo do tanque. É preciso ir à causa das manchas que aparecem na superfície..."

Esta história sem pés nem cabeça pode servir-nos para compreender que, se realmente queremos empreender o caminho de Deus — se queremos que a história da nossa vida não seja uma história sem pé nem cabeça —, a primeira medida que temos de tomar é trazer à superfície o nosso próprio morto.

A falta de vontade de estudar ou trabalhar, a tristeza, o mau gênio, o gosto pela maledicência podem ter a sua origem numa realidade mais profunda que é preciso identificar. Pode ser o orgulho, a sensualidade, um egoísmo disfarçado, ou tantas coisas mais... E para trazê-la à luz do dia, diante da pessoa que nos pode entender e curar, é necessário refletir sobre ela na presença de Deus e, depois, ter a valentia de contá-la.

Se queremos que a direção espiritual não seja pura perda de tempo, a primeira atitude que devemos tomar é sermos absolutamente *sinceros*. Os frutos de uma boa conversa com o orientador da nossa alma podem frustrar-se ou atrasar-se por não termos começado desde o princípio por dar uma imagem clara do que realmente se passa conosco ou por nos termos detido em aspectos puramente secundários, de enfeite. Um doente grave, quando vai ao médico, não começa por descrever pequenos achaques que nada ou pouco têm a ver com o câncer que traz dentro.

Por conseguinte, a primeira disposição há de ser: sinceridade plena, sem reservas nem meias-verdades, sem informações genéricas ou vagas. Temos de aprender a reconhecer os nossos defeitos, misérias e erros. E chamar tudo isso pelo nome, sem querer mascará-lo com falsas desculpas ou lugares-comuns.

O lobo e as ovelhas

Dizem que o lobo, quando ataca uma ovelha, não se lança às patas para impedi-la de fugir, como seria lógico, mas atira-se com os dentes ao pescoço da vítima, para que não possa gritar pedindo auxílio. Assim, sem a ajuda do pastor, a ovelha fica por completo à mercê do animal voraz.

Muitas vezes, a tática do "homem velho" que todos trazemos dentro de nós é atenazar a garganta da pessoa em má situação, para que não peça ajuda a ninguém: ataca no terreno da sinceridade. Vencemo-lo falando. Então a ovelha ganha do lobo.

A sinceridade é o grande remédio para muitas angústias e problemas pessoais, que deixarão de sê-lo quando nos abrirmos a essa pessoa posta por Deus para limpar-nos, curar-nos e devolver-nos a paz e a dignidade perdidas ou ameaçadas. Se for preciso, não tenhamos receio de causar uma impressão ruim ou desfavorável acerca do que somos e valemos. Quem nos ouve sabe ver mais longe, sabe intuir toda a capacidade para o bem que existe em nosso coração. Muitas vezes, basta abrir a alma para já se ter vencido ou estar a caminho de vencer. É o prêmio à humildade de termos sido sinceros!

Por isso, devemos evitar nas confidências de direção espiritual tanto o detalhe insubstancial e prolixo como a generalização vaga e anônima. Sem literatura, sem justificar-nos atribuindo a culpa aos outros, para que não nos digam: "Bem, agora que já me contou os defeitos da sua sogra, fale-me dos seus". É isso que interessa. Nem devemos cair em divagações do tipo: "Não fui humilde", ou "fui preguiçoso", ou "andei irritado"... Por quê? Quando? Como? Falamos desse conjunto de circunstâncias que tornam mais pessoal a exposição do estado da nossa alma.

Temos de ir ao cerne, sem falar por símbolos, com fraseados próprios de advogados diante do júri, preocupados em defender-nos; sem pensar que por meias palavras nos entenderão, o que obrigaria a quem nos escuta a um esforço mental para adivinhar o que queremos dizer; sem misturar o que somos com o que gostaríamos de ser; sem pretender criar uma falsa imagem "de apresentação", que só atrasaria o conhecimento do nosso verdadeiro perfil, que jamais deixará de ter luzes e sombras, como qualquer quadro.

Para essa sinceridade sem rodeios pode ajudar-nos pensar como abriríamos a alma se estivéssemos diante de Cristo, Bom Pastor, Médico, Mestre e Amigo, que está disposto a dar a vida — assim o fez — para nos devolver a paz e a saúde, o ímpeto necessário para correspondermos à sua entrega por cada um de nós.

Simplicidade

A sinceridade está muito relacionada com a simplicidade, virtude da descomplicação, da repugnância pelos artificialismos, pelo culto da "imagem". Lembro-me de ter ouvido certo dia uma consideração muito clara a este propósito. Dizia São Josemaria Escrivá, fundador do Opus Dei, que, se um médico perguntasse a queixa que levara o doente a seu consultório e ele ficasse calado; e que, se lhe pedisse que tirasse a roupa para examiná-lo, e ele se recusasse por vergonha, seria preciso levar esse doente não ao médico, mas a um manicômio.

À virtude da simplicidade opõem-se a afetação no falar, o ar de suficiência, a jactância, o desejo de não fazer má figura, a hesitação..., que são barreiras às vezes intransponíveis para nos deixarmos ajudar. Como queremos que nos ajudem se o nosso sim não é *sim*, e o nosso não, *não?* (cf. Mt 5, 37). O diretor espiritual não é um saca-rolhas, menos ainda um adivinho. Como também não é um acompanhante que observe ao longo das vinte e quatro horas do dia os nossos passos e atitudes em todos os ambientes e situações em que nos movemos: ou o deixamos a par das nossas circunstâncias, com isenção, ou jamais acertará nos conselhos a nos dar.

A verdade é sempre um reflexo de Deus e deve ser tratada com respeito. O cristão está muito longe de ser um *homem de duas caras* (cf. Tg 1, 8) que, como os atores, veste-se ou declama umas ideias conforme o público que tenha diante de si e a personagem que deve representar. Hoje é especialmente urgente que o cristão seja homem ou mulher de "uma só vida", sem servir-se de máscaras ou disfarces quando lhe possa ser custoso dizer as coisas como são, sem se preocupar com o que possam pensar ou dizer dele. Esta atitude, como é óbvio, ganha especial relevo na direção espiritual.

Confiança

Distinguimo-nos uns dos outros pelo aspecto externo, mas muito mais pelo nosso *mundo interior:* pensamentos, ideais, afetos, sonhos, projetos, alegrias e tristezas, desejos de ser melhores, de ter um coração bom...

Esse mundo interior é muito diferente em qualidade e quantidade de pessoa para pessoa. Já se disse que as almas são como armários: uns guardam objetos de valor, outros, bugigangas; uns estão perfeitamente ordenados, outros são o caos; uns têm peças de uso constante, outros estão atulhados de velharias; uns estão arejados, outros cheiram a mofo. Há armários de todos os tipos. É aí que reside principalmente a riqueza ou a pobreza de uma pessoa, o que a define, e não o que aparece.

Depois de uma viagem pelo Extremo Oriente, um amigo contava-me as suas impressões de um desses países. E comentava que as pessoas daquela região eram muito reservadas e diziam de si mesmas que tinham como que três capas de intimidade: a primeira, a mais superficial e externa, era conhecida pela família, por alguns colegas de trabalho...; à segunda, só tinham acesso dois ou três amigos; e a terceira, só a conhecia o próprio interessado. Este último é o verdadeiro mundo interior, aquele que praticamente só nós e Deus conhecemos. E é aí, nesse estrato secreto da nossa maneira de ser, que a direção espiritual tem lugar com plena eficácia.

Talvez no início não saibamos como abrir a "caixa preta" da nossa intimidade; muitas vezes até nos pode faltar o vocabulário adequado. Não devemos desanimar. Dar a conhecer o mundo interior não é fácil para ninguém. Mas é preciso que, aos poucos, se vá ganhando uma condição imprescindível: *confiança*. Sem alcançarmos esse clima, a direção espiritual não passaria de uma conversa periódica mais ou menos interessante, mas não seria canal de graça e guia da alma no caminho para Deus.

Começamos por onde podemos. Por exemplo: falamos da educação religiosa que recebemos na infância e na adolescência, e onde; daí passamos para o estudo ou o trabalho profissional, para a família, para as nossas relações de amizade, para os nossos projetos imediatos; e daí ainda para a atual prática religiosa — tudo coisas mais ou menos factuais, mas que são importantes para que a pessoa que nos ouve nos situe e, sobretudo, para vencermos a distância que nos possa separar dela e sejam o ponto de partida para essa confiança.

Pouco a pouco, por esse plano inclinado, com a nossa boa vontade, iremos manifestando essa intimidade com os seus pequenos esconderijos. E, à medida que formos falando, em conversas sucessivas, o diretor espiritual, nosso conselheiro e agora nosso confidente, ajudar-nos-á, com a sua oração, com o seu sincero interesse por nós e o seu estímulo, a conhecer o nosso interior em profundidade, isto é, à luz de Deus. Veremos melhor tudo o que Deus semeou de bom em nosso coração e que devemos desenvolver, como também as coisas menos boas, que nós mesmos semeamos e que teremos de eliminar, ajudados pela graça divina.

Desconfiar, temer um juízo implacável por parte de quem escolhemos para que nos aconselhe e nos ajude seria uma atitude insensata e contraditória. Desse homem que nos ouve e nos fala em nome de Cristo só podemos esperar que nos acolha como o próprio Cristo, que "não elevará sua voz" (Mt 12, 19), antes nos aconselhará com a suavidade da brisa vespertina. O diretor espiritual não está conosco para condenar, para ameaçar, mas para ajudar a levantar-nos e a construir.

Como o barro nas mãos do oleiro

O Livro dos Reis (2Rs 5, 9-27) narra o episódio de um general do exército do rei da Síria, atacado de lepra, que ouviu uma escrava judia falar de um profeta de Israel — Eliseu — que tinha poder para curá-lo desse mal. O general, que se chamava Naamã, pôs-se a caminho e, depois de uma longa viagem, parou à porta do profeta, com os seus carros e os seus cavalos. Sem sair de casa, Eliseu mandou-lhe dizer por um mensageiro: "Vai, lava-te sete vezes no Jordão e tua carne ficará limpa".

Mas Naamã sentiu-se humilhado pela recepção e pelo conselho: "Eu pensava que ele viria em pessoa e, diante de mim, invocaria o Senhor, seu Deus, poria a mão no lugar afetado e me curaria da lepra. Porventura, os rios de Damasco, o Abana e o Farfar, não são melhores do que todas as águas de Israel? Não me poderia eu lavar neles e ficar limpo?".

E quando já regressava, enfurecido, os seus servos aproximaram-se e disseram-lhe: "Senhor, mesmo que o profeta te tivesse ordenado algo difícil, não o deverias fazer? Quanto mais agora que ele te disse: 'Lava-te e serás curado'". Naamã reconheceu a sensatez da observação e fez exatamente o que o profeta ordenara. "E sua carne tornou-se tenra como a de uma criança." Despiu-se de sua autossuficiência e pôs em prática uma indicação que, do seu ponto de vista meramente humano, não tinha lógica nenhuma. Convenceu-se de que, nesse caso — e com maior razão, podemos afirmar, quando se trata de assuntos da alma —, "o melhor lugar da cabeça é o bolso", como dizia alguém com boa dose de cinismo. Não há maior louco que os loucos *lógicos*.

Acima de tudo, a docilidade às sugestões do diretor espiritual é uma demonstração de fé. Foram dóceis os dez leprosos a quem Jesus mandou que se apresentassem aos sacerdotes como se já estivessem curados (cf. Lc 17, 11-14). Foram dóceis os apóstolos quando o Senhor lhes disse que fizessem as pessoas sentar-se — eram perto de cinco mil homens que O tinham seguido até um lugar ermo — e começassem a distribuir entre si os cinco pães e os dois peixes que tinham conseguido reunir por único alimento: "E todos comeram e ficaram fartos. Do que sobrou recolheram ainda doze cestos de pedaços" (cf. Lc 9, 12-17). Foi dócil Pedro quando, a uma palavra do Senhor, lançou as redes num lugar do lago onde acabava de verificar que não havia peixes: "apanharam peixes em tanta quantidade, que a rede se lhes rompia" (cf. Lc 5, 4-6). São Paulo, cuja forte personalidade se manifestará de tantos modos e em tantas ocasiões, deixar-se-á guiar depois que o Senhor o derrubar do cavalo: deixar-se-á levar pelos companheiros a Damasco e acolherá Ananias como enviado do Senhor para devolver-lhe a vista e batizá-lo; a partir desse momento, será o homem da estatura que conhecemos, para combater as batalhas do Senhor.

A direção espiritual produz frutos de paz e eficácia quando há docilidade. Mas não poderá ser dócil quem se empenhe em ser obstinado, quem discuta o menor conselho que recebe ou se mostre refratário a qualquer ideia diferente da que tem ou da que lhe dita a experiência. Ou, ainda, quem de antemão escute com restrições mentais ou ceticismo as soluções que o conselheiro espiritual lhe propõe.

O orgulhoso é incapaz de seguir conselhos porque, para isso, teria de admitir que é muito o que desconhece e muito o que precisa que lhe ensinem. O humilde, pelo contrário, sente-se pequeno diante de Deus e necessitado de ajuda. Se o próprio Senhor, Rei do Universo, aceitou que um anjo — afinal, uma criatura — viesse confortá-lo na sua agonia no horto de Getsêmani, por que havemos nós de olhar com superioridade e desprezar recomendações que podem dar-nos a paz e a coragem perante situações em que já experimentamos toda a nossa impotência?

Se queremos ser melhores, permitiremos que Deus nos faça e refaça com a docilidade do barro nas mãos do oleiro. Sem oferecer resistência, como nos ensina a Sagrada Escritura: "Desci, então, à casa do oleiro, e o encontrei ocupado a trabalhar no torno. Quando o vaso que estava a modelar não lhe saía bem, como costuma acontecer nos trabalhos de cerâmica, punha-se a trabalhar em outro à sua maneira [...] 'casa de Israel, não poderei fazer de vós o que faz esse oleiro? O que é a argila em suas mãos, assim sois vós nas minhas" (cf. Jr 18, 2-6).

Não nos esquivemos, com uma presunção idiota, a deixar-nos modelar por quem quer fazer de nós, com a ajuda divina e a nossa docilidade humilde, *outros Cristos*.

Constância

A vida interior não se improvisa da noite para o dia, assim como a semente plantada não produz frutos na manhã seguinte. É preciso que conheçamos derrotas e vitórias; que comecemos e recomecemos, sem esperar resultados imediatos, ainda que vez por outra apareçam. Deve bastar-nos saber que, enquanto perseverarmos no esforço, *a vida interior progride*.

A constância manifesta-se, antes de mais nada, em assegurar a regularidade das nossas conversas com o diretor espiritual. Muitas vezes, manter essa periodicidade exige sacrifícios de não pouca monta: por exemplo, em época de provas, quando o trabalho profissional aperta e não temos sequer tempo para almoçar, quando em casa há problemas de saúde etc. Deus premia esse esforço com nova luz e novas graças.

Com frequência, as dificuldades que surgem são internas: preguiça, o desânimo de não termos seguido os conselhos recebidos da vez anterior, de não termos aberto sequer o livro de espiritualidade que nos recomendaram, de não termos evitado determinada ocasião próxima de queda para a qual nos alertaram...

É então, talvez, quando parece que não temos nenhuma notícia nova que dar — ou só temos notícias ruins —, que mais precisamos dessa conversa fraternal que nos tirará da apatia ou da fraqueza e nos devolverá a esperança de vencer e a capacidade de entusiasmar-nos.

Às vezes, podemos até cair na tentação de mudar de diretor espiritual, de procurar alguém mais *benévolo*, "que não incomode tanto o nosso egoísmo, que silencie com a sua pretensa autoridade o clamor da nossa própria alma. É uma tentação que pode assaltar-nos especialmente quando se trata de assuntos mais delicados que, por exigirem sacrifícios que talvez não estejamos dispostos a fazer, nos levam a tentar amoldar a vontade de Deus à nossa vontade":[1] por

---

1 Cf. Francisco Fernández-Carvajal, *Falar com Deus*, vol. IV. São Paulo, Quadrante, 1991, p. 385.

exemplo, quando se trata de cortar com um namoro inconveniente, de seguir à risca os critérios da ética profissional, de aceitar de braços abertos os filhos que Deus manda, sem que a ideia da "paternidade responsável" sirva de pretexto aos casados para lançar mão de métodos — temporários ou definitivos! — contrários à moral cristã. Em tudo isso, o que afinal queremos é que, como dizia alguém com graça, "seja feita a *minha* santa vontade de Deus".

Na continuidade da direção espiritual, vai-se forjando a nossa alma; com alternância de derrotas e vitórias, repetimos, vamos aos poucos construindo em plenitude o edifício da nossa vocação cristã:

"Viste como levantaram aquele edifício de grandeza imponente? — Um tijolo, e outro. Milhares. Mas, um a um. — E sacos de cimento, um a um. E blocos de pedra, que são bem pouco ante a mole do conjunto. — E pedaços de ferro. — E operários trabalhando, dia após dia, as mesmas horas...

"Viste como levantaram aquele edifício de grandeza imponente?... À força de pequenas coisas!"[2]

Para isso, é necessário querer, persistir em querer, teimosamente, porque, se se renova o querer, as montanhas se convertem em grãos de areia; e, se se abandona o aconselhamento espiritual e o empenho em praticar o que nos aconselham, cada grão de areia se transforma em montanha. "Não te contentes com o que és, se queres chegar ao que não és", dizia Santo Agostinho[3], isto é, se queres chegar ao que Deus espera de ti.

---

2 *Caminho*, n. 823.
3 Santo Agostinho, *Sermão* 169.

Lutar corajosamente

Na Segunda Guerra Mundial, o general japonês Nobunaga teve de enfrentar um exército muito superior ao seu. Nem ele nem os seus oficiais e soldados acreditavam na vitória. As suas tropas, compostas de gente fortemente supersticiosa e fatalista, estavam certas de que seriam aniquiladas.

Antes de entrar em combate, o general dirigiu-se a um santuário xintoísta e ali disse aos seus soldados: "Agora rezaremos aos nossos deuses e depois lançaremos uma moeda ao ar para que eles nos digam se venceremos ou seremos derrotados. Se sair cara, a vitória será nossa; se sair coroa, retrocederemos. O destino revelar-nos-á assim o seu rosto".

Lançou a moeda ao ar e saiu cara. E os soldados encheram-se de tal vontade de lutar e, mesmo sendo inferiores em número, conseguiram uma vitória espetacular. Na manhã seguinte, um dos ajudantes de campo disse a Nobunaga: "É verdade, ninguém pode mudar o rosto do destino". "Sem dúvida", respondeu o general, enquanto mostrava ao oficial uma moeda falsa que tinha cara pelos dois lados.

O destino é uma moeda que, para os corajosos, tem cara nos dois lados, e, para os covardes, coroa — cruz — nos dois lados. Quem vai à batalha ou à vida convencido de que será derrotado certamente o será. E quem está decidido a construir a sua vida, cedo ou tarde acabará por levantá-la.[4]

Se há algum campo em que a coragem de lutar se justifica é o do esforço ardoroso

---

4 Cf. J. L. Martín Descalzo, *Razões para o amor*. Madri, Atenas, 1987, pp. 136-137.

por sermos melhores, por alcançarmos as virtudes próprias do espírito cristão. Acontece que não reparamos numa coisa muito importante: é que não estamos sós nesse combate, porque Deus está do nosso lado, e Ele não perde batalhas.[5] Como Pai que é, *torce* por nós, tira da nossa frente, sem que muitas vezes o percebamos, obstáculos momentaneamente intransponíveis para as nossas forças, concede-nos *graças atuais* para que, por fim, ganhemos na corrida de obstáculos que é a vida. "Pode servir-se de uma vara para fazer brotar uma fonte no meio do deserto, ou de um pouco de barro para devolver a vista aos cegos".[6] Quanto mais dos conselhos de um homem que nos indica em nome dEle o caminho que a Ele conduz.

---

5 Cf. Josemaria Escrivá, *Sulco*, Quadrante, São Paulo, 1987, n. 151.

6 Leão XIII, *A prática da humildade*, p. 45.

É preciso, pois, que nos determinemos a pôr em prática as sugestões recebidas, com a fé e o otimismo de quem está seguro da vitória..., se lutar. Esta é a palavra-chave: lutar sempre, nunca desistir, por mais arraigados que estejam os nossos defeitos, por mais que pareçam fazer parte do nosso modo de ser.

Deve ser uma luta segundo as regras, com senso comum e sobrenatural, não como quem açoita o ar (cf. 1 Cor 9, 26): concretizar os objetivos, planejar bem as etapas, ir do mais acessível ao mais difícil, pouco a pouco, desemperrando gradualmente a vontade mofada por anos de "deixar estar para ver como é que fica", examinando-nos com valentia sobre os resultados de cada dia — como é importante o exame de consciência diário! —, tomando pequenas ou às vezes grandes resoluções para o dia seguinte, sem chamar propósitos de emenda ao que não passa de meros desejos vagos ou da ingênua confiança de que "amanhã as coisas serão diferentes", porque não o serão se o nosso querer for um "querer sem querer"[7] e a nossa luta um "lutar sem lutar".[8]

Vale a pena. Contamos com a ajuda de Deus para cumprir as recomendações da direção espiritual. Vale a pena, sim, porque "é muito pouco o que se nos pede, para o muito que se nos dá".[9]

---

7 Cf. *Caminho*, n. 714.

8 Cf. *Sulco*, n. 163.

9 Cf. *Sulco*, n. 5.

QUE DIZER?

As primeiras questões

É lógico que, em cada conversa, não se fale "de tudo". Também não é necessário seguir um esquema fixo: a direção espiritual deve ser um diálogo cheio de vida.

Isto não significa que, à parte os cumprimentos iniciais próprios de pessoas que se tratam cordialmente, perca-se o tempo com longos preâmbulos: o estado do trânsito, o tempo, a crise — sempre há uma crise no país —, a carestia etc.

É aconselhável que se entre em matéria começando por aquilo que mais nos tem preocupado na última temporada ou que mais nos custe contar: "Que vou dizer?, perguntas ao começares a abrir a tua alma. E, com segura consciência, respondo-te: em primeiro lugar, aquilo que quererias que não se soubesse".[1] Desse modo, tira-se um peso que facilita o resto da conversa e evita-se que se vá avolumando um receio que só distorce o que foi contado até tal momento.

Estão neste caso, como é lógico, os problemas de consciência, as faltas graves — quer já tenham sido perdoadas no sacramento da Confissão, quer ainda não —, ou mesmo as leves, se são manifestação de defeitos que nos estamos esforçando por corrigir.

É muito conveniente também dar a conhecer como vão as disposições de fundo fundamentais, principalmente nos pontos dominantes da nossa luta: como

---

1 *Sulco*, n. 327.

se levaram a cabo as sugestões recebidas da última vez sobre os nossos pontos fracos, as dificuldades encontradas para as cumprir, as novas circunstâncias que se apresentaram nessa matéria etc. Assim se consegue assegurar a continuidade de uma conversa para outra e, além de que desse modo nos reanimamos na vontade de lutar, pode ser que o diretor espiritual nos sugira outras maneiras de alcançar o resultado que desejamos. Não nos esqueçamos de que também na vida espiritual existem muitos meios alternativos; é como ir ao médico: pode ser que, à vista do que se passou desde a última consulta, ele altere a medicação. O certo é que, também nas coisas da alma, o rio corre sempre para o mar, diretamente ou dando voltas mais ou menos longas. O destino final de uma pessoa realmente empenhada em crescer na amizade com Deus é sempre desaguar nEle.

Como é natural, haverá assuntos que, pela própria importância, também estarão sempre presentes nas nossas conversas: fé, cumprimento do dever no estudo, no trabalho, família, responsabilidade de difundir a mensagem evangélica no nosso meio etc. Sugerem-se a seguir alguns temas básicos para essas conversas, ainda que, como vimos, o conteúdo da direção espiritual deva ser algo vivo e tão amplo como a vida. Assunto não faltará, se quisermos levar *a sério* a nossa vocação de cristãos.

Plano de vida

Em suas *Homilias sobre Mateus,* São João Crisóstomo tem este pensamento contundente: "Não te assustes por ver que deves ser outro Cristo. O que te deve assustar é não seres como Ele" (78, 4).

Pois bem, esse é o miolo da direção espiritual: levar-nos por caminho seguro à *imitação de Cristo,* permanecendo no lugar onde estamos, com as responsabilidades que nos cabem, com a idade, a família, a saúde que temos. Em tudo isso, *através* de tudo isso — e não *apesar* de tudo isso —, sermos outros Cristos, sermos *Cristo que passa.*

Não devemos encarar, pois, a direção espiritual como uma tarefa negativa, a que recorremos para nos penitenciarmos das nossas faltas e mediocridades, mas com ânimo positivo. Trata-se de construir o edifício — o "palácio" — da intimidade com Deus, da *santidade* a que Deus nos chamou no meio e por meio da vida corrente. É algo de "grandeza imponente", que nos deve entusiasmar e que é tarefa para toda a vida.

Ora, para seguir o Senhor de perto é necessário entrar por caminhos de oração, buscando nela o alimento para santificar o trabalho e a vida inteira. Assim como a vida natural precisa de alimento — a horas determinadas, na dose certa —, do mesmo modo a vida espiritual precisa desse alimento para alcançar o seu desenvolvimento normal.

Para consegui-lo, é lógico que o diretor espiritual nos sugira um *plano de vida*, formado por práticas de piedade simples — a princípio, muito poucas — que se distribuem ao longo do dia, que servem para conhecer melhor a Deus e, a partir daí, ir ganhando uma intimidade mais profunda com Ele. Essas práticas vão desde uns minutos diários de leitura continuada do Evangelho — o espelho em que nos devemos contemplar —, uns breves minutos de exame de consciência antes de deitar, até a oração mental, a recepção dos sacramentos da Confissão e da comunhão etc.

A alma encontra nesses momentos de recolhimento o estímulo e as forças necessárias para fazer de cada jornada uma oferenda grata a Deus. São práticas que acabam por permitir-nos viver na presença de Deus, mediante umas palavras interiores ou um simples olhar dirigidos no meio das ocupações Àquele que nos ama, tal como os apóstolos. Assim Deus vai situando-se no centro do nosso dia, da família, do estudo e do trabalho profissional... Cada vez fica mais fácil encontrá-Lo como interlocutor no meio dos acontecimentos diários.

Logicamente, essas práticas de piedade serão diferentes no caso de uma pessoa que começa a dar os primeiros passos na vida interior e no daquele que percorre esse caminho há anos. Porém, em qualquer hipótese, convém saber que não se trata de espartilhar a vida, e sim de seguir um itinerário flexível, adaptado às circunstâncias de estudo ou trabalho de cada um, da sua família e do seu relacionamento social etc. O *plano de vida* "tem de ser como essa luva de borracha que se adapta com perfeição à mão que a usa".[2] Tão incômoda e pouco útil pode ser uma luva excessivamente grande como outra excessivamente apertada. Quando há boa vontade, esse plano adapta-se perfeitamente tanto a uma temporada de estudo ou de trabalho intenso como a um fim de semana ou uns dias de férias, tanto a uns dias de gripe como aos períodos de perfeita saúde física.

Não sendo rígidas, essas práticas reclamam, porém, uma sólida convicção de que devemos dar-lhes prioridade na escala dos nossos deveres diários: "Buscai em primeiro lugar o Reino de Deus e a sua

---

2 Cf. Josemaria Escrivá, *Amigos de Deus*. São Paulo, Quadrante, n. 149.

justiça e todas estas coisas vos serão dadas em acréscimo", diz Cristo claramente no Evangelho (Mt 6, 33). Quer isto dizer, no nosso caso, que há pouquíssimas coisas que não possam esperar uns minutos, mas que a Deus não O podemos fazer esperar, não podemos deixá-lo com uma revista de dois meses atrás na sala de espera... Pois desses minutos com Deus depende que ganhem sentido as coisas que vamos fazer a seguir!

Na conversa de direção espiritual, depois de contar o que desejarmos não pode faltar, pois, este tema: a fidelidade ao horário do plano de vida, sempre ameaçado pela precipitação, pela desordem, pela preguiça. "Senhor — rezaremos, logo no começo do dia —, que eu não procure a causa das dificuldades fora de mim, mas dentro de mim". Isto não significa que, em épocas mais apertadas ou por circunstâncias novas, não seja necessário fazer reajustes. O conselho experiente do diretor espiritual ajudar-nos-á a introduzir as modificações necessárias.

Porém, não basta dizer se fomos fiéis a essas normas do plano de vida, é preciso referir brevemente o *modo* como as cumprimos. Por exemplo, a atenção e a piedade com que as fizemos, os temas meditados na oração mental e as luzes que recebemos, os bons propósitos que nos sugeriram, de retificação e de maior generosidade em pontos concretos...

Um dia em que Moisés apascentava o rebanho do seu sogro, ultrapassou o deserto e chegou até o Horeb, a montanha de Deus. E viu uma sarça que ardia, mas não se consumia. Intrigado, quis observá-la de perto e nesse momento ouviu a voz de Deus que lhe dizia: "Vai, eu te envio ao faraó para tirar do Egito os israelitas, meu povo" (cf. Ex 3, 1-10). Não é nenhuma arbitrariedade pensar que, quando cumprimos qualquer uma das nossas práticas diárias de piedade — não somente quando nos abeiramos dos sacramentos, ainda que neste caso de modo radicalmente diferente —, essa cena da vida de Moisés de algum modo se repete: isolamo-nos no recolhimento exterior e sobretudo interior — seja numa igreja, em casa ou no lugar de trabalho ou mesmo num congestionamento de trânsito —, despojamo-nos das "sandálias" das preocupações cotidianas e, nesse espaço silencioso e "ardente", dispomo-nos a ouvir a voz de Deus, que nos confia os seus desejos: uma mudança das atitudes de fundo, uma fidelidade à custa de qualquer sacrifício imediato, que, a curto e a longo prazo, está a serviço de uma missão no nosso meio.

É um caminho longo, cheio de incidentes — como foi o de Moisés —, o que Deus nos revela e pede que percorramos por etapas nessas práticas de piedade. Não havemos então de falar delas com detalhe ao diretor espiritual, para que nos ajude a estar seguros de termos escutado a voz de Deus e a saber como ir acomodando a ela a nossa vida?

Pureza

Mas há outros pontos que são do nosso maior interesse tratar. Um deles é a virtude da pureza: "Bem-aventurados os puros de coração, porque verão Deus" (Mt 5, 8).

Só os que se esforçam por ser puros de alma e de corpo estão em condições de que Deus se deixe ouvir no recinto sagrado das normas de piedade. Pouco a pouco, em uma ou mais conversas a fundo, convém-nos muito dar a conhecer como vivemos esta virtude. Uma grande tarefa da direção espiritual é ajudar-nos a formar uma consciência delicada e a criar hábitos de luta eficaz nesta matéria.

Aqui impõe-se de maneira clara a necessidade de sermos rudemente sinceros — o que não quer dizer grosseiros —, conforme as condições de cada um: jovens, adultos ou entrados em anos; solteiros ou casados. Dizia alguém a este propósito que o demônio, que nos tira a vergonha à hora de pecar, devolve-a à hora de confessarmos o nosso pecado. A única maneira de não descermos encosta abaixo neste ponto é abrir-nos completamente, sem meias palavras, sem subentendidos ou rodeios, contando as causas próximas e remotas, pedindo ajuda *antes*.

Convençamo-nos de que, se esta é uma luta que não para nunca, também é uma luta que devemos empreender *confiantes*..., se colocamos em prática os meios que o diretor espiritual nos recomenda: fugir das ocasiões, guardar o coração e os sentidos — os olhos! —, controlar a imaginação, cortar com conversas e piadas de mau gosto, ser prudentes nas leituras — pedir conselho quanto ao que se lê —, na TV, no uso da internet, na assistência a espetáculos, no relacionamento com pessoas do outro sexo, evitando familiaridades etc.

Não podemos esquecer a pressão e os ataques frontais que os meios de comunicação — com a cumplicidade das nossas paixões — exercem contra esta virtude, sob o pretexto de que não podemos ser pessoas recalcadas, de que os tempos são outros, de que tudo é permitido antes do casamento e dentro ou fora da vida de casados. O diretor espiritual nos ajudará a ter clareza de ideias e a lutar com firmeza por ser homens e mulheres íntegros, sem complexos de inferioridade: a virtude da pureza é uma virtude afirmativa, característica das personalidades superiores, de alma sempre jovem, vitoriosas, nas quais se pode confiar.

O cumprimento do dever

No estudo e no trabalho, nos deveres de estado em geral, acham-se implicados muitos aspectos centrais da vida do cristão: são o campo em que se projetam, sob a forma de *virtudes,* as luzes e as energias que se obtêm das práticas de piedade.

Uma pessoa cristã que reza e cumpre mal os seus deveres de estudante ou de profissional, de chefe de família ou de dona de casa, é como uma moeda falsa: engana por pouco tempo e engana-se a si mesma. Vêm aqui a propósito as palavras de São Tiago: "Mostra-me a tua fé sem obras e eu te mostrarei a minha fé pelas minhas obras. Crês que há um só Deus. Fazes bem. Também os demônios creem e tremem" (Tg 2, 18-19). As ocupações cotidianas são o principal meio de progresso espiritual do cristão, o terreno em que se tem de manifestar *necessariamente* a veracidade da sua oração, do seu espírito de sacrifício e dos frutos da graça infundida pelos sacramentos.

Concretamente quanto ao trabalho, não é matéria da direção espiritual o *objeto* das ocupações profissionais, nem as decisões que se tenham de tomar no seu âmbito, a menos que estas afetem a vida interior, a estabilidade da família e outros aspectos *morais,* e só nessa medida. O que entra em cheio na direção espiritual é o *modo* como se cumpre o dever profissional: se aproxima ou afasta de Deus, da família e dos colegas. Esse mundo da atividade profissional, em que são correntes a preguiça, a incompetência disfarçada melhor ou pior, o "subir à força de pesar pouco",[3] a maledicência e a chicana, as faltas de companheirismo, as perdas de tempo, o desrespeito pelas normas éticas — esse mundo deve ser para o cristão o campo por excelência onde fortalecer as *virtudes* humanas e cristãs: a seriedade, a pontualidade, a honestidade, a caridade no trato, a desculpa e a ajuda, o espírito de fé e esperança nas dificuldades etc.

E, como meio para isso, a pureza de intenção: não me dedico ao estudo e ao trabalho só porque preciso deles para assegurar o meu futuro e o da minha família, para me sentir útil, para ter uma posição condigna na vida, mas para, *através* de tudo isso, dar glória a Deus: "Se a vida não tivesse por fim dar glória a Deus, seria desprezível; mais ainda,

---

3 Cf. *Caminho,* n. 41.

detestável".[4] É isso que nos deve mover em última análise, e é disso que devemos conversar com o diretor espiritual para afinarmos, para finalmente chegarmos a ser homens e mulheres de uma só cara, sendo os mesmos quando rezamos e quando trabalhamos ou descansamos. É um árduo caminho, cheio de matizes e de meios acessíveis que o diretor espiritual nos descobrirá.

E outro tanto se passa com a família, em que o principal não consiste apenas em assegurar os meios de sustento e de instrução dos filhos, em esmerar-se nos cuidados domésticos, mas em criar um ambiente de lar, uma comunidade solidária no essencial. Não é este o momento de nos estendermos nesta matéria, mas devemos recordar que é mais um

---

4 *Caminho*, n. 783.

campo que não pode deixar de integrar-se no esforço por alcançar a maturidade da vida cristã. Quanta gente se comporta como se as virtudes — serão virtudes? — fossem para serem vividas das portas para fora, e dentro do lar tudo estivesse permitido: o descaso e as desatenções, as faltas de autodomínio, as reclamações etc.? Essa falsidade deve ser corrigida, e é outro tema necessário da direção espiritual.

Alegrias, tristezas...

"Alegrias, tristezas, êxitos e fracassos [...], preocupações diárias...!"[5] São estados da alma que São Josemaria Escrivá aponta, entre outros, como possível matéria para conversar com Deus na oração mental de cada dia. Por serem

---

5 *Caminho*, n. 91.

disposições de ânimo que de vez em quando a todos nos assaltam, serão também frequentemente objeto — e muitas vezes o primeiro, porque permitem avaliar e compreender melhor o resto — das nossas confidências com o diretor espiritual.

As preocupações e as alegrias são um bom indicador do lugar onde está a nossa cabeça e o coração. O que consideramos êxitos ou fracassos denotam até que ponto se firmou em nós a pureza de intenção, o sentido sobrenatural que leva a encarar todos os acontecimentos — alegres ou tristes — como vindos da mão de Deus-Pai.

Tocamos aqui um ponto fundamental da direção espiritual. Ela tem por fim, em último termo, fazer-nos viver e sentir, lutar e aceitar tudo como *filhos de Deus:* como "filhos no Filho". Foi para isso que Deus nos chamou à existência, nos deu o dom da fé e nos resgatou. Não somos uns "enjeitados"[6] que — como outrora, logo que nasciam, eram abandonados na roda dos conventos, e hoje na lata do lixo — não têm quem cuide deles e, se sobrevivem, jamais saberão de que família procedem. Nós, os batizados, *somos da família de Deus,* e toda a vida espiritual bem orientada dirige-se a fazer-nos ganhar consciência disso e a viver e reagir nessa segurança, com essa moral de vitória e, por conseguinte, com essa alegria antecipada e permanente.

A direção espiritual orienta-se para fazer de nós almas alegres, sorridentes, que têm por suprema felicidade a de se saberem a todo o momento filhos prediletos de Deus. Ensina-nos que "a alegria não se apresenta por si só" ou na

---

6 Cf. *Sulco,* n. 16.

dependência das circunstâncias, mas deve ser fomentada como *resultado* de uma vida íntegra que se desenvolve sob a proteção de Deus-Pai. Leva-nos por isso a enxergar as dificuldades, os fracassos e os sofrimentos com ânimo positivo, como os enxerga uma criança que tem ao lado o seu pai, que para ela tudo sabe, tudo pode e tudo resolve.

O normal é, pois, que, se se arejou bem a alma na direção espiritual, com plena sinceridade e confiança, se saia desses momentos de conversa com imensa paz e alegria.

O bem é expansivo, dizem os teólogos, e o mesmo se pode dizer da alegria, que é consequência de uma vida de bem em Deus. Essa alegria, que mergulha as suas raízes na fé na providência divina, é portanto *contagiosa* e estende-se com naturalidade à família, aos amigos, aos colegas de trabalho, sobretudo quando sabem ou percebem que temos motivos de preocupação, que estamos cansados ou desgostosos e, no entanto, nos veem sorridentes e serenos: numa palavra, a alegria do cristão traduz-se numa presença e numa ação benfazejas entre as pessoas com quem esse cristão convive.

Aqui está, pois, outro assunto que não deve faltar em nossas conversas com o diretor espiritual: a irradiação do nosso exemplo no meio que nos rodeia, corroborado pela palavra — o apostolado. De que modo "contagiamos" aos outros a nossa paz interior? Com que sentido de oportunidade lhes confidenciamos a verdadeira causa do nosso estado de espírito permanentemente jovial? Guardamos só para nós esse segredo — por egoísmo, por vergonha — ou buscamos com naturalidade as ocasiões de lhes falar de Deus, de lhes dizer ao ouvido: *Ascende superius,* "vem cá para cima", como aquele que deu um banquete (cf. Lc 14, 10) e viu postergado no fundo da mesa um conviva socialmente importante? Não haverá entre os nossos amigos alguns que estejam afundados na mediocridade das suas rotinas?

Tema, sem dúvida, para a direção espiritual. Porque é a contraprova da nossa vida de intimidade ardente com Deus: o fogo, se não está em vias de apagar-se, queima à sua volta. E porque — razão feliz! — "todo o que me reconhecer diante dos homens também o Filho do Homem o reconhecerá diante dos anjos de Deus" (Lc 12, 8); e, em contrapartida, "se alguém se envergonhar de mim e das minhas palavras, também o Filho do Homem se envergonhará dele, quando vier na sua glória, na glória de seu Pai e dos santos anjos" (Lc 9, 26).

A vocação

Conta o Livro de Samuel (1 Sm 3, 4) que certa noite, em que o sacerdote Heli, já velho, dormia no Templo, Deus chamou pelo nome um jovem chamado Samuel que lá servia e que naquele momento também repousava. Pensando que fora chamado pelo sacerdote, o jovem correu para junto dele e disse-lhe: — "Eis-me aqui; chamaste-me". — "Não te chamei, meu filho, torna a deitar-te". O rapaz foi e deitou-se. O Senhor chamou-o de novo e Samuel levantou-se e foi ter com Heli: — "Eis-me aqui; tu me chamaste". — "Eu não te chamei, meu filho, torna a deitar-te". Samuel ainda não conhecia a voz do Senhor. Pela terceira vez o Senhor o chamou e o rapaz voltou a ir ter com o velho sacerdote. Compreendeu então Heli que era o Senhor quem chamava o menino e disse-lhe: — "Vai e torna a deitar-te, e, se ouvires que te chamam de novo, responde: 'Falai, Senhor, que o vosso servo escuta'". Samuel obedeceu e, quando voltou a adormecer, o Senhor pôs-se junto dele e chamou-o como das outras vezes: — "Samuel, Samuel!" — "Falai, Senhor, que o vosso servo escuta", respondeu o rapaz, repetindo à letra as palavras que Heli lhe indicara. Deus comunicou-lhe então a tarefa que lhe ia confiar junto do povo de Israel, e este o reconheceu como profeta do Senhor. Foi assim, pela orientação recebida do velho sacerdote, que Samuel conheceu a voz de Deus e teve notícia da missão para que era chamado.

Ora, essa é uma das tarefas mais importantes que Deus confia ao diretor espiritual: ajudar-nos a reconhecer a voz do Senhor que, ao conceder-nos pelo Batismo o dom da fé, nos marca a cada um de nós um destino único e intransferível. Deus não quer na terra nenhum ser humano sem finalidade, e define-a de um modo bem concreto, que cabe a cada qual descobrir: chama-se a isso *vocação*.

A palavra está geralmente associada a um chamamento para o sacerdócio ou para alguma das formas de vida consagrada, quer afastando-se completamente do mundo, quer atuando nele por obras de caridade, de ensino, de pregação etc. Isso não significa que Deus dispense os demais homens e mulheres, sejam solteiros ou casados, jovens ou velhos, de uma condição social ou de outra — a imensa maioria do povo cristão —, de se saberem convidados, *no lugar em que se encontram e sem saírem dele*, a escutar e seguir o premente apelo que Ele dirige a todos os batizados: "sede perfeitos, assim como vosso Pai celeste é perfeito" (Mt 5, 48). Aplicam-se a todos os que recebemos o dom da fé as palavras de São Paulo: fomos predestinados por Deus para ser conformes à imagem do seu Filho e "aos que predestinou, também os chamou; e aos que chamou, também os justificou; e aos que justificou, também os glorificou" (Rm 8, 30).

Essa é a vocação a que Deus chama os cristãos comuns. Trata-se, em poucas palavras, de desenvolvermos até a plenitude, até a glorificação no Céu, a graça batismal. E cabe-nos a cada um descobrir o modo específico de consegui-lo, aplicando-nos a isso com a necessária ajuda do diretor espiritual. É como uma *segunda conversão,* que nos faz achar a "pérola preciosa, o tesouro escondido" (cf. Mt 13, 44-45): é a maior graça que um simples cristão pode receber, sinal claríssimo de predileção divina.

A partir daí, todo o caminho da vida se ilumina: o trabalho, o estudo, a família, os acontecimentos... Tudo se ordena à luz dessa vontade específica de Deus e dela recebe a graça e as forças necessárias para levá-la a cabo. Sem ela, andaríamos tremulamente alumiados pela débil candeia da vontade própria, inseguros, com o perigo de tropeçar a cada passo ou de não encontrar sentido algum — ou um sentido pragmático — para o que planejamos e fazemos: perderíamos a unidade de vida, seríamos como projéteis que girassem em torno de si mesmos.

Não podemos parar de progredir na via da docilidade aos conselhos da direção espiritual; devemos nos esforçar por praticá-los em escala crescente, persuadidos de que têm por fim último situar-nos diante dessa vontade divina que nos quer inteiramente felizes e realizados, a caminho do Céu.

É sobretudo porque importa chegar à descoberta desse chamamento específico determinado por Deus para cada um de nós "antes da criação do mundo" (cf. Ef 1, 4) que se explicam todas as condições para o bom aproveitamento dos conselhos da direção espiritual: a sinceridade, a constância, a docilidade, a confiança etc. Principalmente a confiança. Não podemos desconfiar do diretor espiritual, ouvi-lo com reservas ou questioná-lo quando nos pede mais e, depois de muito meditar e avaliar as nossas capacidades na presença de Deus, nos sugere em dado momento esse compromisso por toda a vida que fará da nossa existência um caminho — árduo e imensamente feliz — de *entrega* ao serviço de Deus e dos homens no meio das ocupações diárias. Só quando dissermos *sim* a esse conselho supremo é que deixaremos de ser um *nada,* para começarmos a ser — como diz um autor do século XVII, o cardeal Bérulle — *um nada, capaz de Deus.*

Perseverança

Um longo caminho, quer o descubramos na juventude ou na maturidade. E um caminho cheio de altos e baixos. Observava alguém que a tendência do cristão é saborear sensivelmente a graça, mas nunca por muito tempo; que a intermitência é a regra entre os cristãos: passam do frio para o calor e do calor para o frio com a regularidade do pêndulo.

Pessimismos à parte, a verdade é que estamos sujeitos a encontrar dificuldades, a maioria delas criadas ou permitidas por nós mesmos. E corremos o risco de esfriar e a tentação de deixar-nos arrastar por um clima interior mole, tíbio e desanimado. Quem empreende a escalada da vida interior, sobretudo depois que descobriu e acolheu o caminho específico da sua vocação, é como um montanhista que, num dado momento da subida, tem de abandonar a estrada e enveredar por trilhas estreitas e empinadas, ladeando barrancos.

Na vida interior pode acontecer que, por ser um processo demorado, a disposição de persistir fraqueje, que se comecem a ouvir de novo as vozes insinuantes do "homem velho": cresce o temor ao custoso, as práticas de piedade deixam de ser um encontro inédito com Cristo, vão-se esvaziando de luz e de amor, e rebrota a força das paixões do *homo animalis*. Um ideal que começou com entusiasmo, com esperança, subitamente "entorta", murcha e se entenebrece, envolvido no nevoeiro das aspirações e compensações puramente terrenas ou carnais. Já o advertia graficamente o Evangelho: "Quando o espírito impuro sai de um homem, ei-lo errante por lugares áridos à procura de um repouso que não acha. Diz ele, então: Voltarei para a casa donde saí. E, voltando, encontra-a vazia, limpa e enfeitada. Vai, então, buscar sete outros espíritos piores que ele, e entram nessa casa e se estabelecem aí; e o último estado daquele homem torna-se pior que o primeiro" (Mt 12, 43-45).

Subitamente? Nada disso ocorre de repente. Acontece que a pessoa se esqueceu de que o seguimento de Cristo exige abnegação: "Se alguém quer vir após mim — disse o Senhor —, renegue-se a si mesmo, tome cada dia a sua cruz e siga-me" (Lc 9, 23). Sem ela, não pode haver intimidade com o Senhor, nem virtudes, nem ação apostólica eficaz na família e entre os amigos.

Falar de *Cruz* assusta, sobretudo nos tempos que correm, em que tudo parece consistir em evitar o desagradável e procurar o cômodo, o fácil e o aprazível. Não deveria ser assim para um cristão de verdade. Esse descobre que a Cruz não é a *sua* Cruz, mas a de Cristo, que a aceitou como *único meio* de redimir a humanidade e da qual nos quis fazer solidários. É Ele que a carrega, e nós O ajudamos, aceitando as contrariedades e as nossas próprias resistências interiores. Se não for assim, se, com espírito de revolta e queixa virmos nessas circunstâncias negativas a *nossa* Cruz, ela nos destruirá.

Este espírito positivo nos levará não só a não nos escandalizarmos com os contratempos, mas a procurar ocasiões de contrariar os nossos gostos: no cumprimento pontual e esmerado do dever do momento, na prática de uma caridade sem esperança de recompensa, na fidelidade ao plano de vida tanto em tempos atribulados como em tempos de bonança etc...

Cristo preparou-se durante toda a vida para o sacrifício supremo do Calvário.

Não necessitaremos nós de acostumar-nos ao sacrifício? É um tema de especial importância, não já para progredirmos no caminho espiritual, mas para perseverarmos nele. E por isso é assunto que deve ser tratado com o diretor espiritual. Ele nos ajudará a encarar com espírito esportivo as dificuldades que vêm de fora e de nós mesmos, e a descobrir inúmeras ocasiões na vida diária de preparar-nos para elas, imolando com gosto os nossos caprichos, o nosso gênio, a nossa preguiça, a nossa sensualidade...

A Cruz é de Cristo, não nossa. Quando — com a fortaleza que nos dará o diretor espiritual — o percebermos de verdade, comprovaremos, no momento em que ela pousar sobre os nossos ombros, que é "uma cruz sem cruz".[7]

---

[7] Cf. *Forja*, n. 764.

E, portanto, fonte de uma paz que não interrompe ou enevoa a alegria.

A Confissão sacramental

"Meu filho, coragem! Teus pecados te são perdoados" (Mt 9, 2), disse Jesus ao paralítico prostrado em seu leito, que talvez pensasse mais em ver-se livre dos seus males físicos do que na possibilidade de reconquistar a amizade com Deus.

O Senhor volta a repetir essas mesmas palavras em cada Confissão contrita: "Tem confiança, filho — diz-nos —, volta a começar, não abandones a luta por tirar esses defeitos e evitar essas fraquezas..."

Temos a certeza de que Deus nos perdoa sempre e não guarda rancor nem memória das nossas faltas. Quando perguntavam a Chesterton por que se tinha convertido à fé católica, costumava responder: "Para livrar-me dos meus pecados; não há outro credo religioso que faça desaparecer realmente os nossos pecados".

Por isso, sempre que nos confessamos, readquirimos a alegria e a esperança de vencer. Cada Confissão não é apenas um juízo em que se perdoam as ofensas, mas remédio e fortificante para a alma; pressupõe um propósito e uma orientação para o futuro e é, por isso mesmo, veículo, cume e perfeição da direção espiritual.

Com a Confissão sacramental, o sacerdote exerce uma ação pastoral pessoal que, se conhece a nossa alma em profundidade, torna-se excepcionalmente eficaz. Quanto a nós, por outro lado, será muito mais fácil abrir a nossa intimidade a quem já nos conhece, para recebermos a graça do sacramento; aliás, não nos confessaremos de nada que não tenhamos contado na conversa prévia, com muitos mais detalhes. "Recorrei ao sacramento da Penitência. Ide ao sacerdote que vos atende, àquele que sabe exigir de vós firmeza na fé, delicadeza de alma, verdadeira fortaleza cristã. Na Igreja, existe a mais plena liberdade para nos confessarmos com qualquer sacerdote que possua as necessárias licenças; mas um cristão de vida clara procurará — livremente! — aquele que reconhece como bom pastor".[8]

Como cresce a vida interior quando a cada conversa de direção espiritual se une no fim uma boa Confissão! Por isso, o normal será que nos confessemos habitualmente com quem conhece a nossa alma. Recebemos então maiores luzes de Deus e um aumento de forças: conselhos bem ajustados ao nosso caso, graças especiais para evitar ocasiões que

---

8 São Josemaria Escrivá, *É Cristo que passa*. São Paulo, Quadrante, n. 34.

se temem, para ganhar em delicadeza interior e lutar com mais eficácia.

Se conversamos com o diretor espiritual todas as semanas ou a cada quinze dias, certamente teremos várias coisas de que nos confessarmos, ainda que não se trate de faltas graves.[9] Se o justo cai sete vezes ao dia (cf. Pr 24, 16) quem poderá dizer que, desde a última conversa, não lhe salpicou a alma o pó do caminho, o suor do dia, e não precisa de um bom "chuveiro"? Quanto mais se progride na vida interior, mais pesam essas pequenas faltas, como um descuido na guarda dos sentidos, uma impaciência, um

---

[9] É claro que, se caímos nalgum pecado grave, devemos procurar o diretor espiritual imediatamente, sem esperar pelo dia da conversa com ele. E se ele não estiver disponível naquele momento, recorreremos a qualquer outro confessor. Sobre todo este tema, veja-se Rafael S. de Moraes, *Por que confessar-se*. São Paulo, Quadrante, São Paulo, 1998.

desleixo no cumprimento do dever, uma palavra mordaz...

São Francisco de Sales fazia esta recomendação:

> Confessa-te devota e humildemente a cada oito dias, mesmo que a consciência não te acuse de nenhum pecado mortal. Desta maneira, não só receberás a absolvição dos pecados veniais que confesses, mas também: uma grande força para evitá-los daí em diante, uma grande luz para saber conhecê-los bem, e graça abundante para reparar todas as perdas ocasionadas por eles. Praticarás a virtude da humildade, da obediência, da simplicidade e da caridade, e só por esse ato praticarás mais virtudes que em nenhum outro.[10]

---

10 São Francisco de Sales, *Introdução à vida devota*, II, 19.

Depois da conversa com o diretor espiritual e da Confissão, daremos graças a Deus por essa nova oportunidade que tivemos de tratar dos nossos assuntos com Ele, por meio de um seu representante, e gravaremos bem na mente e no coração os conselhos recebidos e os propósitos feitos. Assim estrearemos uma nova semana ou quinzena com a alma mais leve e alegre, o caminho mais claro e pontos de luta bem mais concretos.

A direção espiritual é um grande dom de Deus, que nunca agradeceremos suficientemente.

PONTOS DE REFLEXÃO

1. Estou agradecido a Deus por ter-me proporcionado um conselheiro para a minha alma, e manifesto esse agradecimento tomando todos os cuidados para procurá-lo com a periodicidade combinada, quaisquer que sejam as dificuldades?

2. Preparo-me bem para essa conversa ou deixo-a à espontaneidade do momento, consciente de que, sem um prévio exame de consciência, não poderei ir à raiz dos meus problemas ou ficarei num mero desabafo circunstancial?

3. Abro a alma com a simplicidade de uma criança, sabendo que é somente às crianças e aos que *se fazem* como elas que

se promete a entrada no Reino dos Céus? Conto primeiro o que mais me custa?

4. Lembro-me de que omitir o relato de faltas graves, mesmo antigas, se é conveniente para dar-me a conhecer melhor, seria como ter por amigo o demônio, uma vez que só se têm segredos com os amigos? Trato clara e francamente da virtude da castidade, tanto se sou solteiro como casado?

5. Procuro que nunca falte em minhas conversas — além de tudo o que possam ser preocupações, motivos de alegria ou tristeza etc. — uma referência às normas de piedade do meu *plano de vida* espiritual, comentando brevemente não apenas se as levei à prática, mas o *modo* como as cumpri, os esclarecimentos que obtive, os propósitos e retificações que pus em prática?

6. Compreendo que devo, de cada vez, pedir conselho ao diretor espiritual sobre

a maneira de melhorar a minha oração mental, de tirar proveito da leitura do Evangelho e de algum livro que ele me tenha recomendado, de fazer com eficácia o exame de consciência diário?

7. Falo das minhas vitórias e derrotas no campo do meu defeito dominante?

8. Vejo que, das minhas conversas de direção espiritual, devo sair com a decisão sincera e eficaz de amar a cruz das pequenas ou grandes contrariedades, de renunciar aos meus caprichos e aburguesamentos, de *morrer* para os meus egoísmos e apegos? Peço ajuda para saber concretizar a luta nesses pontos?

9. Percebo que devo tratar com o diretor espiritual do modo como cumpro os meus deveres diários: no estudo ou no trabalho profissional, no comportamento com os meus familiares, no respeito à palavra dada? Tenho consciência de que, se não manifesto aí as virtudes

humanas e cristãs, de nada me adianta rezar? Como posso ter a certeza de estar mudando "por dentro", se não vou mudando "por fora"?

10. Menciono, em cada conversa de direção espiritual, a que pessoas amigas falei de Deus em meu ambiente de estudo ou de trabalho, de descanso e de relacionamento social? Que iniciativas pretendo ter, até a próxima conversa, para semear essa inquietação religiosa?

11. Compreendo que tão importante como falar é *ouvir* os conselhos que recebo, gravá-los na mente e procurar cumpri-los com espírito de fé? Ou fico marcando passo, desaproveitando a graça de Deus? Tenho a preocupação de contar na conversa seguinte como pus em prática esses conselhos, sem justificar-me com "razões sem razão"?

12. Vejo que essa docilidade "de menino" às recomendações recebidas é

caminho seguro de santidade, no meio e por meio das vicissitudes diárias?

13. Proponho-me aproveitar a conversa periódica de direção espiritual para receber, no fim, a graça do sacramento da Confissão, que fortalece a minha disposição de luta?

Direção geral
Renata Ferlin Sugai

Direção de aquisição
Hugo Langone

Direção editorial
Felipe Denardi

Produção editorial
Juliana Amato
Gabriela Haeitmann
Karine Santos
Ronaldo Vasconcelos
Roberto Martins

Capa
Provazi Design
Karine Santos

Diagramação
Sérgio Ramalho

ESTE LIVRO ACABOU DE SE IMPRIMIR
A 10 DE SETEMBRO DE 2024,
EM PAPEL OFFSET 75 g/m².